BEI GRIN MACHT SICH IHR WISSEN BEZAHLT

AF150003

- Wir veröffentlichen Ihre Hausarbeit,
  Bachelor- und Masterarbeit

- Ihr eigenes eBook und Buch -
  weltweit in allen wichtigen Shops

- Verdienen Sie an jedem Verkauf

Jetzt bei www.GRIN.com hochladen und kostenlos publizieren

Bibliografische Information der Deutschen Nationalbibliothek:

Die Deutsche Bibliothek verzeichnet diese Publikation in der Deutschen National-
bibliografie; detaillierte bibliografische Daten sind im Internet über http://dnb.d-
nb.de/ abrufbar.

Impressum:

Copyright © 2014 GRIN Verlag, Open Publishing GmbH
Druck und Bindung: Books on Demand GmbH, Norderstedt Germany
ISBN: 9783668070585

Dieses Buch bei GRIN:

http://www.grin.com/de/e-book/308602/herstellen-von-snacks-im-baeckereiverkauf-
unterweisung-baeckereifachverkaeufer-in

Daniel Steffen

Herstellen von Snacks im Bäckereiverkauf (Unterweisung Bäckereifachverkäufer/in)

GRIN Verlag

Meisterkurs AEVO

Thema: Herstellen von Snacks im Bäckereiverkauf

Daniel Steffen

Inhaltsangabe

1. Beschreibung und Analyse der Vorrausetzung des Auszubildenden

1.1 Unsere Auszubildende Sabine F. befindet sich im 2. Ausbildungslehrjahr zur Bäckerrei Fachverkäuferin im Fachbereich Bäckerei und Konditorei. Zu Ihrer Person, Sie ist 19 Jahre alt. Die Auszubildende hat einen Realschulabschluss. Ihre körperliche und geistige Entwicklung ist ihrem Alter entsprechend. Sie wohnt in Bremerhaven bei ihren Eltern, die beide Selbstständig im Bereich Lebensmitteltechnik sind. Die Auszubildende hat eine schnelle Auffassungsgabe und sehr hohes Verantwortungsbewusst sein. Der Betrieb in dem Katharina ihre Ausbildung durchführt, hat mehrere Filialen in ganz Bremerhaven, dort wird Sie in einer Filiale ausgebildet. Das Team besteht aus , mindestens drei Gesellen und einen weiteren Lehrlingen dieser befindet sich dritten Lehrjahr .

2. Diktatische Überlegung zur Unterweisung

2.1 Bedeutung meiner Unterweisung:

Belegen von Snacks und Kleingebäck ist sehr wichtig, da dieses zum Hauptverkauf für Bäckereiunternehmen dazugehört. Für alle Lehrlinge ist es sehr wichtig die Fertigkeiten und Kenntnisse zu erlernen, damit sie eigenständig Bestellungen von Kunden annehmen und exakt ausführen können. Die Tätigkeiten in der Ausbildung trägt sehr zu ihrer eigenständigen Arbeit im Unternehmen bei, dadurch wird sie intrinsisch motiviert und kann das Erlernte an zukünftige weitergeben.

2.1.1 Für den Ausbildungsbetrieb ist es wichtig, dass die Auszubildende korrekt die Snacks belegen und ganieren kann um die Optimale Qualität des Unternehmen zu gewährleisten. Sie wird sicherer und selbstständiger durch immerwährendes Wiederholen der einzelnen Arbeitsabläufe.

2.2 Teil des Ausbildungsberufes im Rahmenlehrplan

Ausbildungsrahmenplan Lernfeld Nummer 17 (§ 5 n.r. 17 b) herstellen von Gerichten . Die Auszubildende soll mit den erlernten Fähigkeiten und Kenntnissen routinierter Arbeiten und sich die Abläufe einprägen , wichtig dabei ist auch die Hygiene und Sicherheit .

2.3 Lernziele

Die Auszubildende soll durch die erlernten Fähigkeiten und Kenntnisse Fachmännisch und Selbstbewusst Kunden bedienen und beraten können, sowie Bestellungen fertigstellen.

2.3.1 Kognitive Lernziele

Die Kognitive Lernziele des Auszubildende sorgen dafür das diese beschreiben und bewerten können, wie sie die Arbeiten durchführt.

2.3.2 Affektive Lernziele

Die Auszubildende soll sorgfältig Arbeiten Ihre Arbeiten durchführen und dabei die Unfallverhütungsvorschriften beachten.

2.3.3 Psychomotorische Lernziele

Die Auszubildende kann eigenständig Snacks herstellen und kann die erlernten Fähigkeiten und Kenntnisse auf größere Bestellung übertragen. Sowie andere Auszubildende einweisen.

3. Ausbildungsmittel und Überlegung zum Medienansatz

3.1 Die Auszubildende benötigt folgende Arbeitsmittel

1. - ein rutschfestes Brett aus Bambus (keine Bakterien)

2. - Einweghandschuhe

3. - Gurke und Tomate, Salat

4. - Aufschnitt (wie z.B. Salami, Käse, Schinken, Ei etc.)

5. - Butter

6. - ein Brötchenmesser

4. Methodische Überlegungen

4.1 Zeitpunkt, Ort und Methode

Die Unterweisung findet am Mittwoch gegen 10:00 Uhr statt, da durch entwicklungspsychologischem und arbeitsmedizinischen Erkenntnissen bekannt ist, dass die Leistungsfähigkeit der Menschen Mittwochs und Donnerstags zwischen 9:00 Uhr und 10:00 Uhr am höchsten ist. Die Unterweisung findet in der Ausbildungsküche statt wo sie Ausgebildet wird, da Sie die Räumlichkeiten kennt und entspannter Arbeiten kann.

4.1.2 Für eine Ausbildungsunterweisung gibt es mehrere Methoden

Folgende Methoden stehen zur Verfügung:

- Drei - Stufen - Methode

- Vier - Stufen - Methode

- Sechs - Stufen - Methode

- Leittextmethode

Ich habe mich für die **Vier - Stufen - Methode** entschieden da bei Selbstausführung die höchste Lernquote ist und diese Methode in einem Handwerk in fast jedem Fall praxisnah anzuwenden ist .

Die Sechs - Stufen - Methode und Leittextmethode sind zeitintensiver daher im Handwerk bei Kundenaufträgen nicht sinnvoll. Die Lehrlinge könnten damit überfordert sein und es schleichen sich schneller Fehler ein.

Erste Stufe: Vorbereitung und Erklären durch den Ausbilder der Filiale:

-    Aufregung nehmen Kontakt erstellen

-    Unsicherheit des Auszubildenden nehmen und ermutigen.

-    Bezeichnung der zu erlernenden Fähigkeiten.

Zweite Stufe: Kurz und verständlich Erklären und zeigen. Vorgehen begründen die einzelnen Kernaussagen betonen.

Dritte Stufe: Ausführungsversuche machen lassen

-    wenn nötig kann Hilfe gegeben werden

-    die Auszubildende sollte alles selbst ausführen

-    bei Fehlern verbessern

Vierte Stufe: Ausreichend Gelegenheit und Zeit zum Üben geben

-    Fehler rechtzeitig abstellen

-    Übungsfortschritte kontrollieren und anerkennen

4.2.1   Kontrolle und weiteres Vorgehen

Um langfristig den Lernerfolg der Auszubildenden sicher zu stellen, werden in unterschiedlichen Abständen (2-3x im Monat) Aufgaben gestellt und ein Feedback durch den Ausbilder gegeben.

5. Die Arbeitsanalyse - Der einzelnen Arbeitsschritte

Nr.	Was?	Wie?	Warum?
1	Sauberkeit Hände waschen, desinfizieren	Seife nehmen und in die Handflächen verteilen, diese danach mit Wasser abspülen	um die Hygiene sicherzustellen
2	Einweghandschuhe anziehen	Handschuhe aus der Packung nehmen und überziehen	Um Hygiene gewährleisten zu können
3	Arbeitsmaterial wie Messer etc. zusammen suchen	Brett nehmen, Messer und bereitlegen	Um die einzelnen Arbeitsschritte durchführen zu können
4	Brötchen auf das Brett legen	Mit der Unterseite nach unten, Kruste nach oben (damit das Brötchen nicht verrutscht)	Um das Brötchen aufzuschneiden
5	Brötchen aufschneiden	Eine Handfläche auf das Brötchen legen, leichter druck, mit der anderen Hand das Messer halten und das Brötchen mit einem graden Schnitt aufschneiden	Damit man nicht abrutscht (UVV beachten)
6	Mit Butter bestreichen	Butter nehmen und beide Brötchenhälften bestreichen	Um besseren Geschmack zu bekommen und nicht austrocknen
7	Belag auflegen	Zwei Schreiben Belag sowie Salat auf die untere Hälfte Brötchenhälfte legen	Es wird die untere Seite belegt
9	Tomaten und Gurken zur Dekoration des Brötchen	Jeweils eine/zwei Scheibe Gurke und Tomate zwischen die Beläge legen	Für den Geschmack
10	Obere Brötchenhälfte auflegen	Obere Brötchenhälfte auf die belegte untere Hälfte	Damit das Belegen abgeschlossen wird
11	Präsentieren	Belegtes Brötchen auf einen kleinen Teller legen und in den Kühltresen stellen	Damit es Gesehen/Verkauft werden kann